Impressum

Verlag: BABADADA GmbH, Nedderfeld 112 , 22529 Hamburg

Geschäftsführer / Verlagsleitung: Harald Hof

Druck: Books on Demand GmbH, In de Tarpen 42, 22848 Norderstedt

Imprint

Publisher: BABADADA GmbH, Nedderfeld 112 , 22529 Hamburg, Germany

Managing Director / Publishing direction: Harald Hof

Print: Books on Demand GmbH, In de Tarpen 42, 22848 Norderstedt, Germany

المدرسة

skola

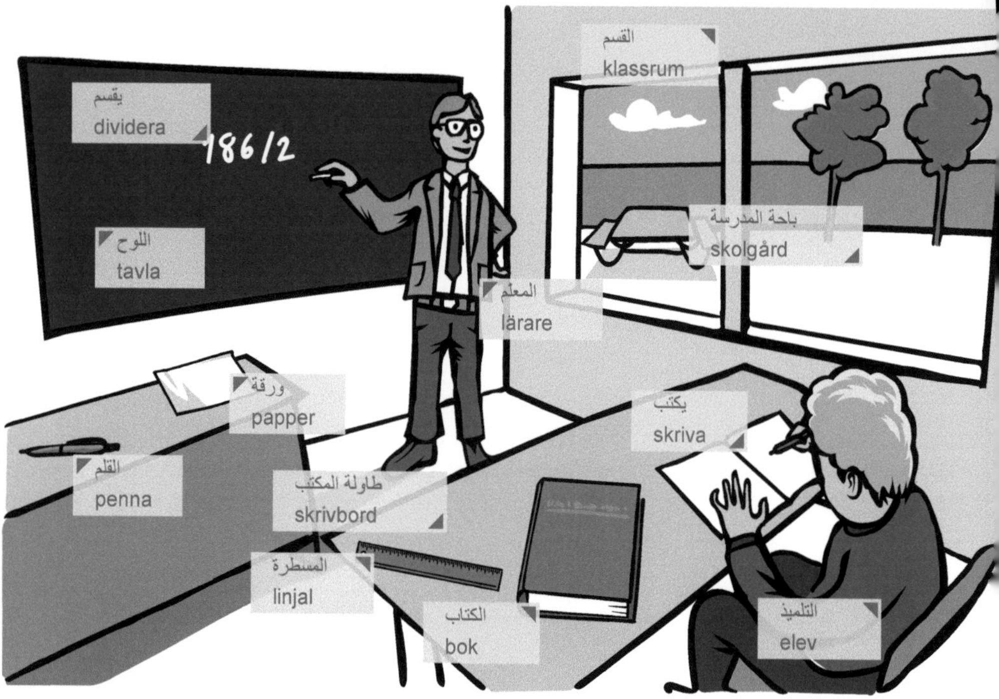

القسم
klassrum
يقسم
dividera
186/2
اللوح
tavla
باحة المدرسة
skolgård
المعلّم
lärare
ورقة
papper
يكتب
skriva
القلم
penna
طاولة المكتب
skrivbord
المسطرة
linjal
الكتاب
bok
التلميذ
elev

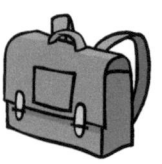

الحقيبة المدرسية
....
skolväska

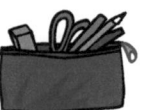

المقلمة
....
pennfodral

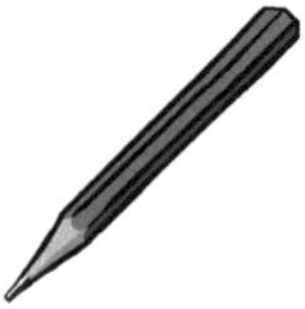

قلم الرصاص
....
blyertspenna

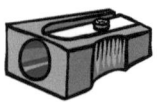

البرّاية
....
pennvässare

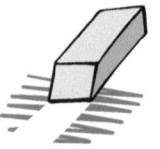

المِمحاة
....
suddgummi

دفتر الرسم
....
ritblock

الرسمة

teckning

الفرشاة

pensel

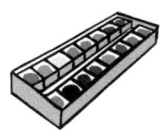

علبة التلوين

målarlåda

المقص

sax

المادة اللاصقة

lim

دفتر التمارين

övningsbok

الواجب المدرسي

hemläxa

الرقم

tal

يجمع

addera

يطرح

subtrahera

يضرب

multiplicera

يحسب

räkna

الحرف

bokstav

الأبجدية

alfabet

hello

كلمة

ord

النص

text

يقرأ

läsa

الطبشور

krita

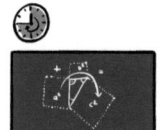

الحصة

lektion

دفتر الدوام المدرسي

register

الامتحان

prov

شهادة

intyg

اللباس المدرسي

skoluniform

التعليم

utbildning

الموسوعة

uppslagsverk

الجامعة

universitet

المجهر

mikroskop

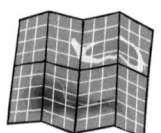

الخريطة

karta

قماما

papperskorg

سفر
resa

Grand
فندق
hotell
بيت الشباب
vandrarhem
ROOMS
€CHANGE
مكتب صرافة
växelkontor
حقيبة
resväska
سيارة
bil

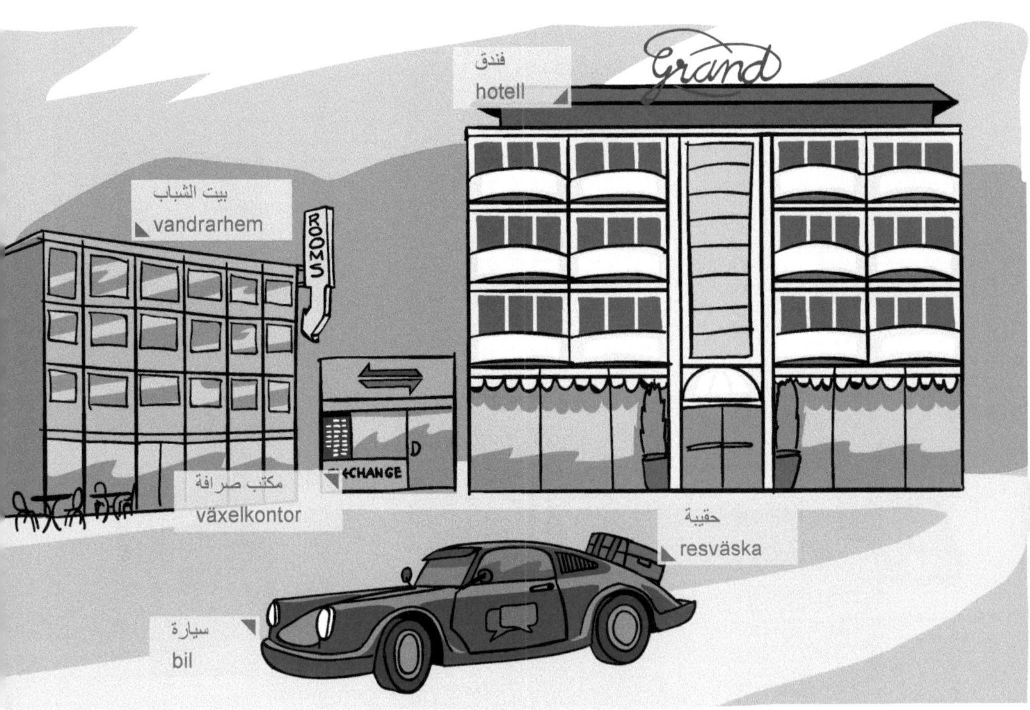

اللغة

språk

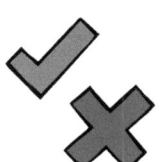

نعم / لا

ja / nej

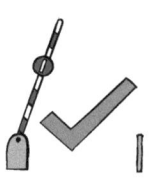

حسناً

Okay

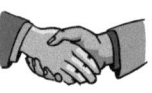

مرحباً

hej

مترجم

översättare

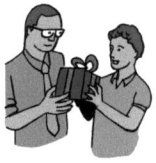

شكراً

Tack

كم ثمن ... ؟

hur mycket kostar...?

لا أفهم

jag förstår inte

مشكلة

problem

مساء الخير

God kväll!

صباح الخير!

God morgon!

ليلة سعيدة

God natt!

إلى اللقاء

hejdå

اتجاه

riktning

أمتعة السفر

bagage

حقيبة

väska

حقيبة ظهر

ryggsäck

ضيف

gäst

غرفة

rum

كيس للنوم

sovsäck

خيمة

tält

استعلامات سياحية

turistinformation

شاطئ

strand

بطاقة ائتمان

kreditkort

إفطار

frukost

طعام الغداء

lunch

العشاء

middag

بطاقة سفر

biljett

مصعد

hiss

طابع بريدي

frimärke

حدود

gräns

الجمارك

tull

سفارة

ambassad

تأشيرة

visum

جواز سفر

pass

نقل

transport

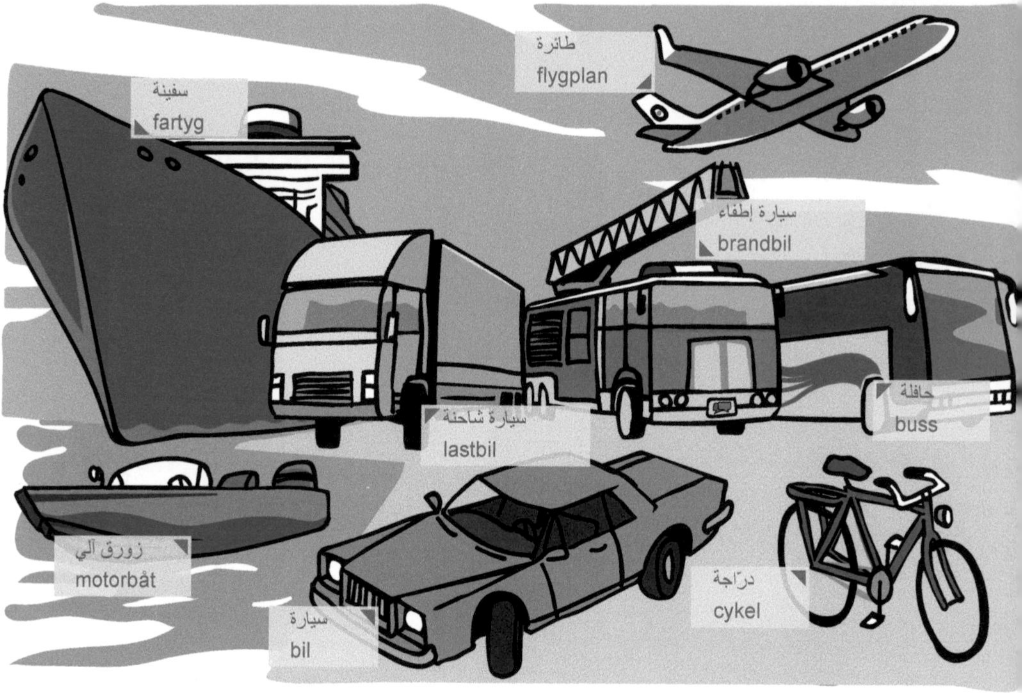

طائرة
flygplan
سفينة
fartyg
سيارة إطفاء
brandbil
حافلة
buss
سيارة شاحنة
lastbil
زورق آلي
motorbåt
دراجة
cykel
سيارة
bil

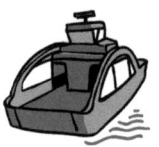

عبارة

färja

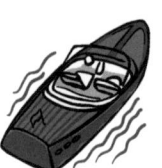

قارب

båt

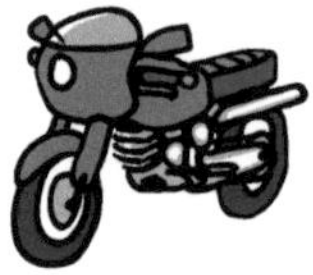

دراجة نارية

motorcykel

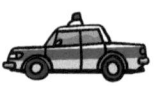

سيارة شرطة

polisbil

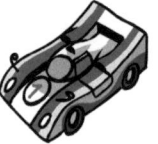

سيارة سباق

racerbil

سيارة مستأجرة

hyrbil

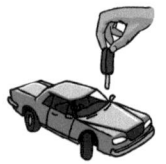

أسلوب تشاركي في استئجار السيارات

bilpool

سيارة للجر

bärgningsbil

سيارة نقل القمامة

sopbil

محرك

motor

وقود

bränsle

محطة وقود

bensinstation

إشارة مرور

vägmärke

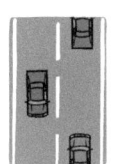

حركة السير

trafik

ازدحام سير

bilkö

موقف سيارات

parkeringsplats

محطة قطار

tågstation

سكك حديدية

räls

قطار

tåg

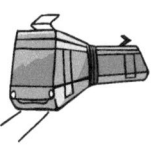

ترام

spårvagn

عربة قطار

vagn

طائرة مروحية

helikopter

مطار

flygplats

برج

torn

مسافر

passagerare

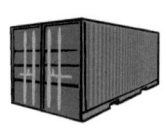

حاوية

container

علبة كرتون

kartong

عربة يد

vagn

سلة

korg

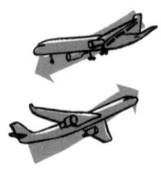

يقلع / يهبط

starta / landa

مدينة

stad

قرية

by

مركز المدينة

centrum

بيت

hus

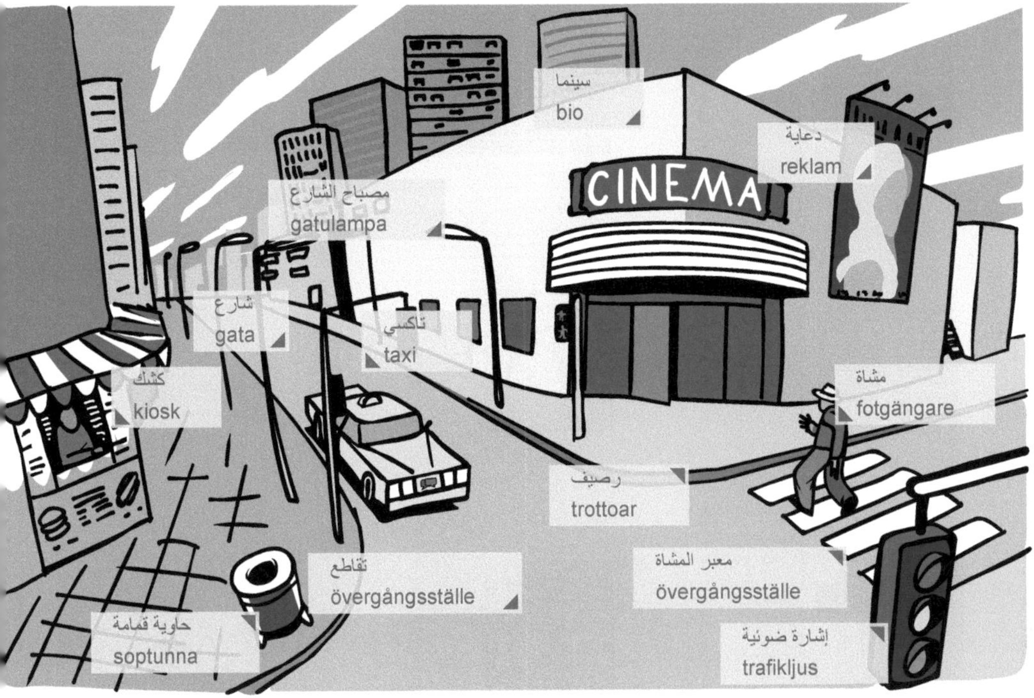

سينما
bio

دعاية
reklam

مصباح الشارع
gatulampa

شارع
gata

تاكسي
taxi

CINEMA

كشك
kiosk

مشاة
fotgängare

رصيف
trottoar

تقاطع
övergångsställe

معبر المشاة
övergångsställe

حاوية قمامة
soptunna

إشارة ضوئية
trafikljus

كوخ
stuga

شقة
lägenhet

محطة قطار
tågstation

دار البلدية
stadshus

متحف
museum

المدرسة
skola

الجامعة

universitet

مصرف

bank

المستشفى

sjukhus

فندق

hotell

صيدلية

apotek

مكتب

kontor

مكتبة

bokhandel

متجر

affär

محل لبيع الزهور

blomsterbutik

سوبرماركت

stormarknad

سوق

marknad

متجر كبير

varuhus

تاجر السمك

fiskhandlare

مركز تسوّق

köpcentrum

ميناء

hamn

حديقة عامة

park

مقعد

bänk

جسر

brygga

درج، سلم

trappa

مترو

tunnelbana

نفق

tunnel

موقف حافلات

busshållplats

بار

bar

مطعم

restaurang

صندوق البريد

brevlåda

لافتة باسم الشارع

gatuskylt

مقياس زمن الوقوف

parkeringsautomat

حديقة حيوانات

zoo

مسبح

simbassäng

مسجد

moské

مزرعة

bondgård

تلوث البيئة

förorening

مقبرة

kyrkogård

كنيسة

kyrka

ملعب الأطفال

lekplats

معبد

tempel

طبيعة ريفية
landskap

ورقة
löv

علامة إرشاد
vägskylt

طريق
väg

مرج
äng

حجر
sten

رحّالة
liftare

شجرة
träd

نهر
flod

عشب
gräs

زهرة
blomma

وادٍ

dal

جبل

kulle

بحيرة

sjö

غابة

skog

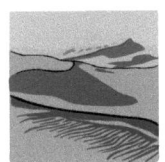

صحراء

öken

بركان

vulkan

قلعة

slott

قوس قزح

regnbåge

فِطر

svamp

نخلة

palm

بعوض

mygga

ذبّانة

fluga

نملة

myra

نحلة

bi

عنكبوت

spindel

خنفساء

skalbagge

ضفدعة

groda

سنجاب

ekorre

قنفذ

igelkott

أرنب

hare

بومة

uggla

عصفور

fågel

بجعة

svan

خنزير برّي

vildsvin

غزال

rådjur

إلكة

älg

سد

damm

دولاب الطاحونة الهوائية

vindkraftverk

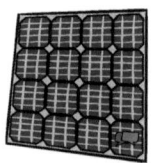

خلية شمسية

solcellspanel

مناخ

klimat

مطعم
restaurang

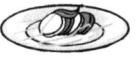

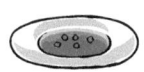

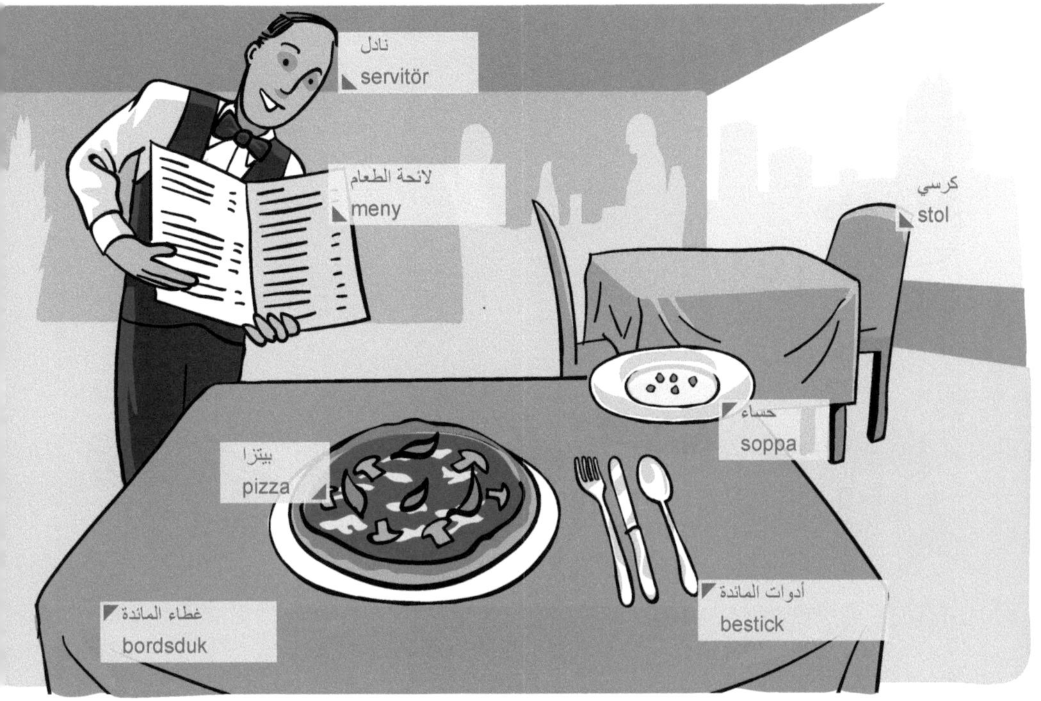
نادل
servitör
لائحة الطعام
meny
كرسي
stol
حساء
soppa
بيتزا
pizza
أدوات المائدة
bestick
غطاء المائدة
bordsduk

مقبلات

förrätt

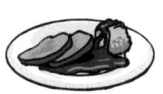

الصحن الرئيسي

huvudrätt

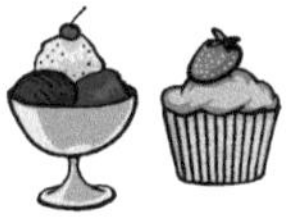

حلوى أو فاكهة بعد الطعام

dessert

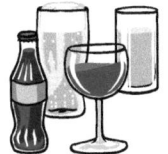

مشروبات

drycker

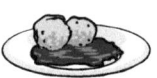

طعام

mat

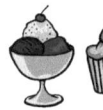

زجاجة

flaska

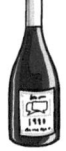

وجبات سريعة

snabbmat

طعام الشارع

street food

إبريق الشاي

tekanna

علبة السكر

sockerskål

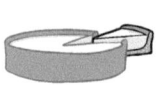

حصّة

portion

آلة الإسبريسو

espressomaskin

كرسي عالٍ

barnstol

فاتورة

räkning

صينية

bricka

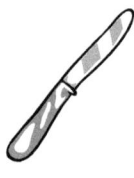

سكين

kniv

شوكة

gaffel

ملعقة

sked

ملعقة الشاي

tesked

منديل المائدة

servett

كأس

glas

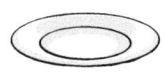

صحن

tallrik

صحن الحساء

sopptallrik

صحن الفنجان

tefat

صلصة

sås

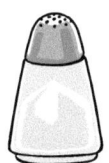

مملحة

saltkar

مطحنة الفلفل

pepparkvarn

خلّ

vinäger

زيت الطعام

olja

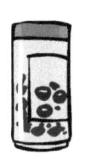

توابل

kryddor

كتشاب

ketchup

خردل

senap

مايونيز

majonnäs

سوبرماركت

stormarknad

عرض خاص
specialerbjudande
FOR
زبون
kund
مشتقات الحليب
mejeriprodukter
فواكه
frukt
عربة تسوّق
varukorg

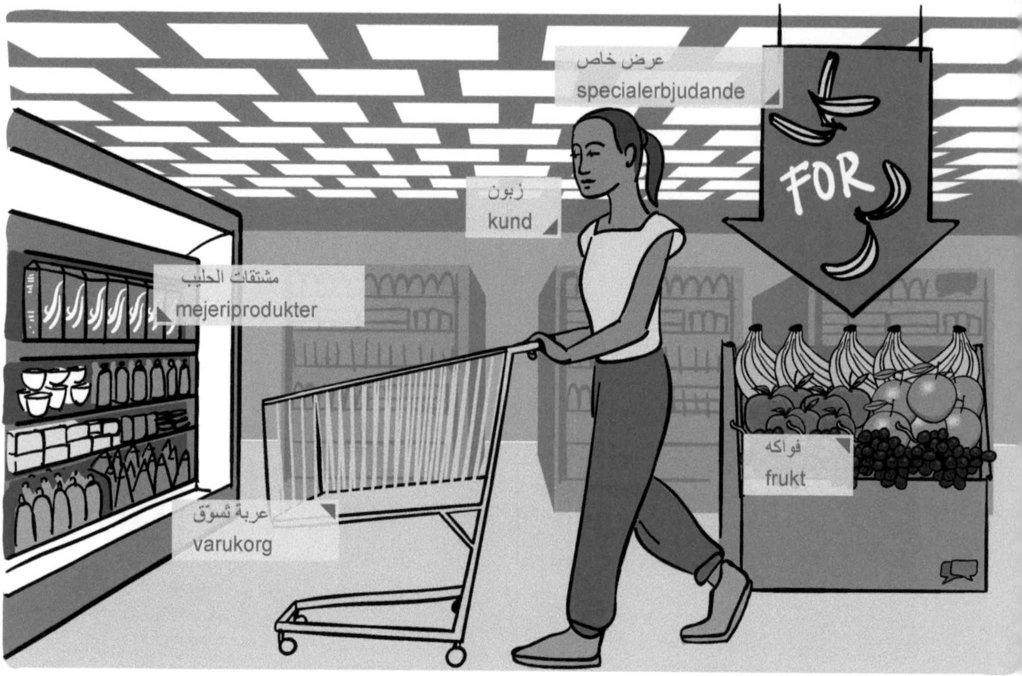

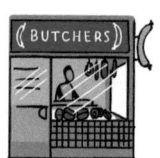

BUTCHERS

جزّار

charkuteri

BAKERY

مخبز

bageri

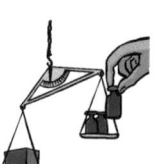

يزن

väga

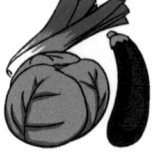

خضار

grönsaker

لحم

kött

المأكولات المجمّدة

frysta livsmedel

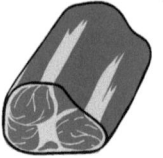

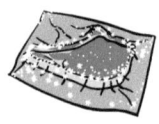

مرتدلا أو جبن

pålägg

معلّبات

konserver

مسحوق الغسيل

tvättmedel

حلويات

godis

المواد المنزلية

hushållsprodukter

منظّفات

rengöringsmedel

بائعة

försäljare

صندوق الحساب

kassa

أمين صندوق

kassör

قائمة المشتريات

inköpslista

أوقات العمل

öppettider

محفظة النقود

plånbok

بطاقة ائتمان

kreditkort

حقيبة

väska

كيس بلاستيكي

plastpåse

ماء

vatten

عصير

juice

حليب

mjölk

كولا

cola

نبيذ

vin

بيرة

öl

كحول

alkohol

كاكاو

kakao

شاي

te

قهوة

kaffe

قهوة إسبريسو

espresso

كابوتشينو

cappuccino

موزة

banan

تفاح

äpple

برتقال

apelsin

بطيخ

melon

ليمون

citron

جزرة

morot

ثوم

vitlök

خيزران

bambu

بصل

lök

فطر

svamp

لوزيات

nötter

شعيرية

nudlar

سباغيتي
spaghetti

أرزّ
ris

سلطة
sallad

بطاطا مقلية
pommes frites

بطاطا مقلية
stekt potatis

بيتزا
pizza

هامبورغر
hamburgare

ساندويش
smörgås

شريحة لحم مقلية
schnitzel

لحم خنزير
skinka

سلامي
salami

سجق
korv

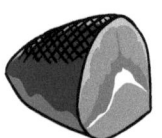

دجاج
kyckling

لحم محمر
stek

سمك
fisk

دقيق الشوفان

havregryn

موسلي

müsli

كورن فلكس

cornflakes

طحين

mjöl

كرواسان

croissant

خبز صغير

fralla

خبز

bröd

خبز محمص

rostat bröd

بسكويت

kex

زبدة

smör

لبن زبادي

kvarg

كعكة

kaka

بيضة

ägg

بيض مقلي

stekt ägg

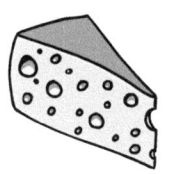

جبنة

ost

مثلجات

glass

سكر

socker

عسل

honung

مربّى الفاكهة

sylt

كريم النوغا

nougatkräm

الكاري

curry

مزرعة

bondgård

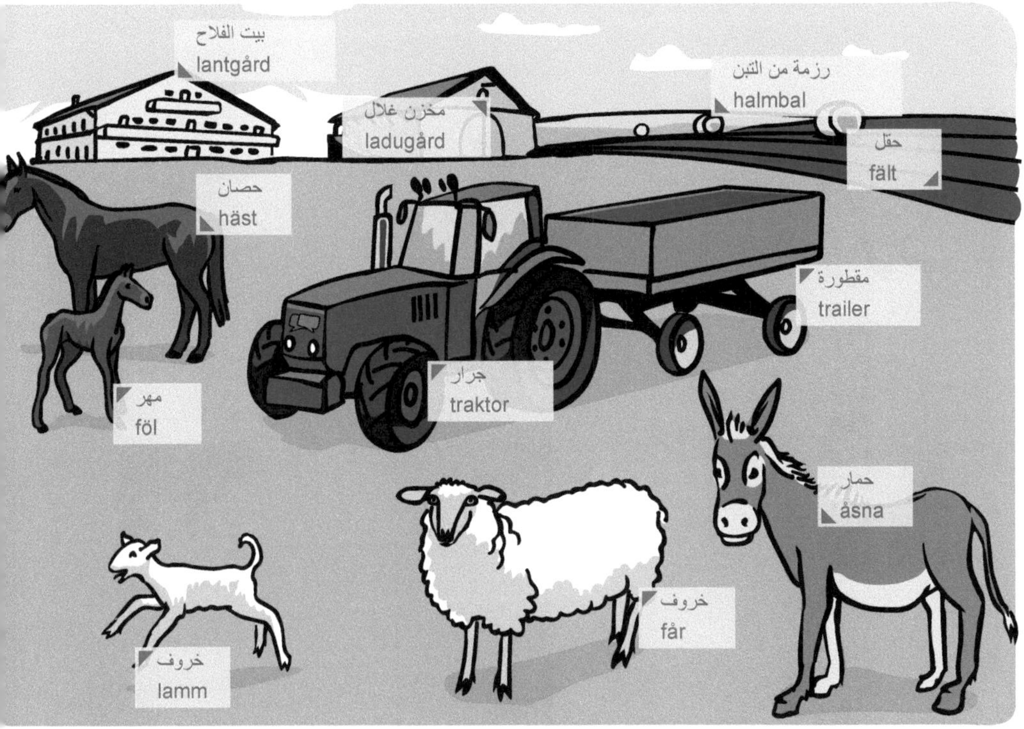

بيت الفلاح
lantgård
مخزن غلال
ladugård
رزمة من التبن
halmbal
حقل
fält
حصان
häst
مقطورة
trailer
مهر
föl
جرار
traktor
حمار
åsna
خروف
får
خروف
lamm

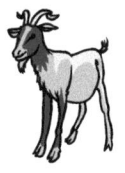

ماعز

get

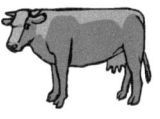

بقرة

ko

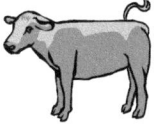

عجل

kalv

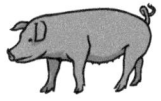

خنزير

gris

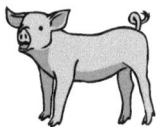

خنزير صغير

griskulting

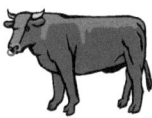

ثور

tjur

إوزّة

gås

بطة

anka

صوص

kyckling

دجاجة

höna

ديك

tupp

جرذ

råtta

قطّة

katt

فأر

mus

ثور

oxe

كلب

hund

كوخ الكلب

hundkoja

خرطوم الحديقة

trädgårdsslang

إبريّق

vattenkanna

منجل

lie

المحراث

plog

منجل

skära

معزقة

hacka

مذراة الزبل

högaffel

بلطة

yxa

عربة يد

skottkärra

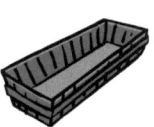

معلف

tråg

صفيحة الحليب

mjölkflaska

كيس

säck

سياج

staket

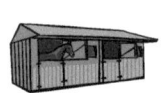

اصطبل

stall

دفيئة

växthus

تربة

jord

بذور

säd

سماد

gödsel

حصّادة درّاسة

skördetröska

يحصد

skörda

محصول

skörd

بطاطا يامس

jams

قمح

vete

صويا

soja

بطاطا

potatis

ذرة

majs

سلجم

raps

شجرة فاكهة

fruktträd

نبات منيهوت

maniok

الحبوب

spannmål

مدخنة
skorsten

سقف
tak

مزراب
stuprör

نافذة
fönster

مرآب
garage

جرس الباب
dörrklocka

باب
dörr

قمامة
soptunna

صندوق البريد
brevlåda

حديقة
trädgård

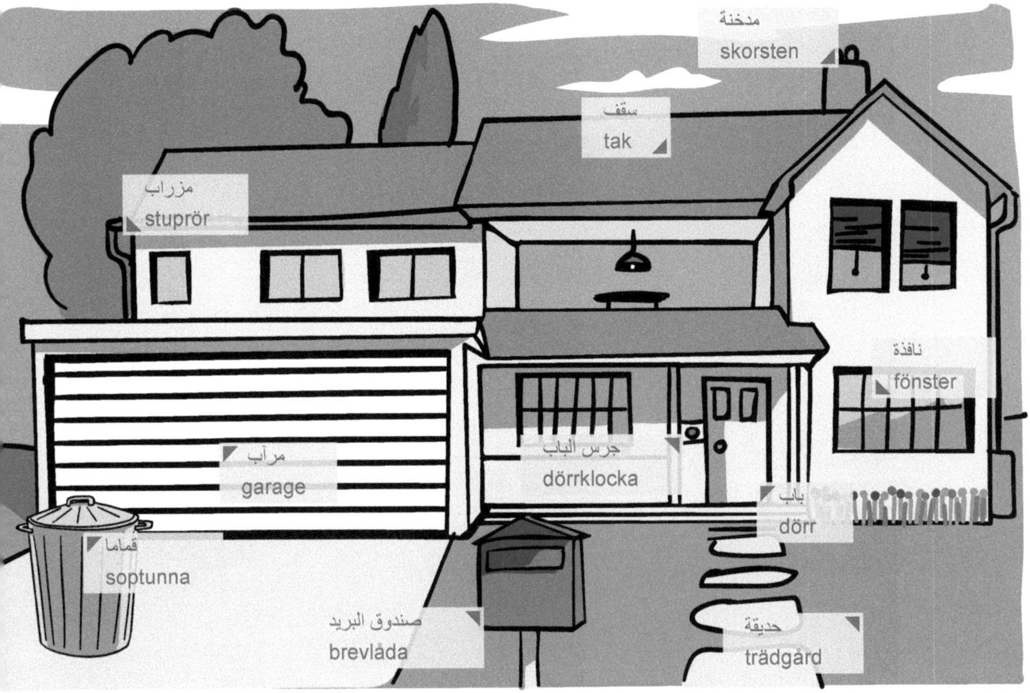

غرفة جلوس
vardagsrum

الحمّام
badrum

مطبخ
kök

غرفة النوم
sovrum

غرفة الأطفال
barnrum

غرفة الطعام
matsal

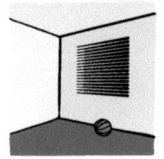

أرضية
golv

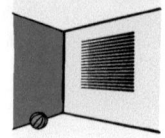

حائط
vägg

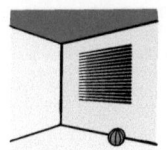

سقف
tak

قبو
källare

ساونا
bastu

بلكون
balkong

شرفة
terrass

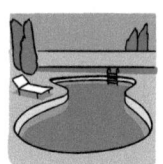

مسبح
bassäng

جزّازة العُشب
gräsklippare

بياضات السرير
lakan

بطانية
överkast

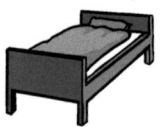

سرير
säng

مكنسة
kvast

سطل
hink

مفتَاح كهربائي
strömbrytare

غرفة جلوس

vardagsrum

ورق جدران
tapet
صورة
bild
مصباح كهربائي
lampa
رف
hylla
خزانة
skåp
تلفزيون
TV
موقد مفتوح
eldstad
زهرة
blomma
وسادة
kudde
كنبة
soffa
مزهرية
vas
تحكم عن بعد
fjärrkontroll

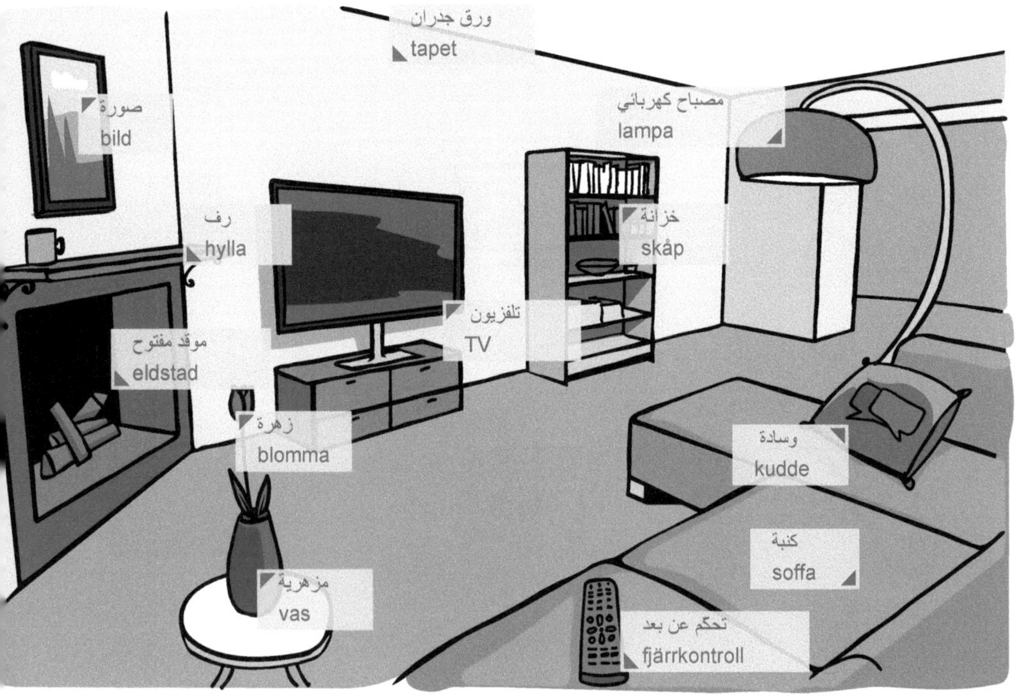

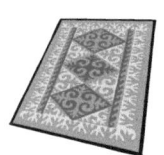

بساط

matta

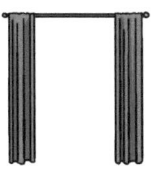

ستارة

gardin

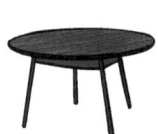

طاولة

bord

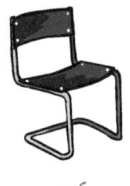

كرسي

stol

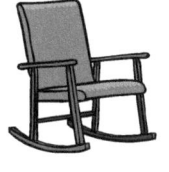

كرسي هزّاز

gungstol

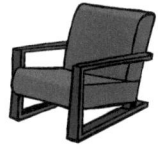

كرسي ذو ذراعين

fåtölj

الكتاب

bok

بطانية

filt

زخرفة

dekoration

الحطب

vedträ

فيلم

film

تجهيزات ستيريو

stereoanläggning

مفتاح

nyckel

جريدة

dagstidning

لوحة مرسومة

målning

مُلصق

poster

راديو

radio

دفتر ملاحظات

anteckningsbok

المكنسة الكهربائية

dammsugare

صبّار

kaktus

شمعة

stearinljus

مطبخ
kök

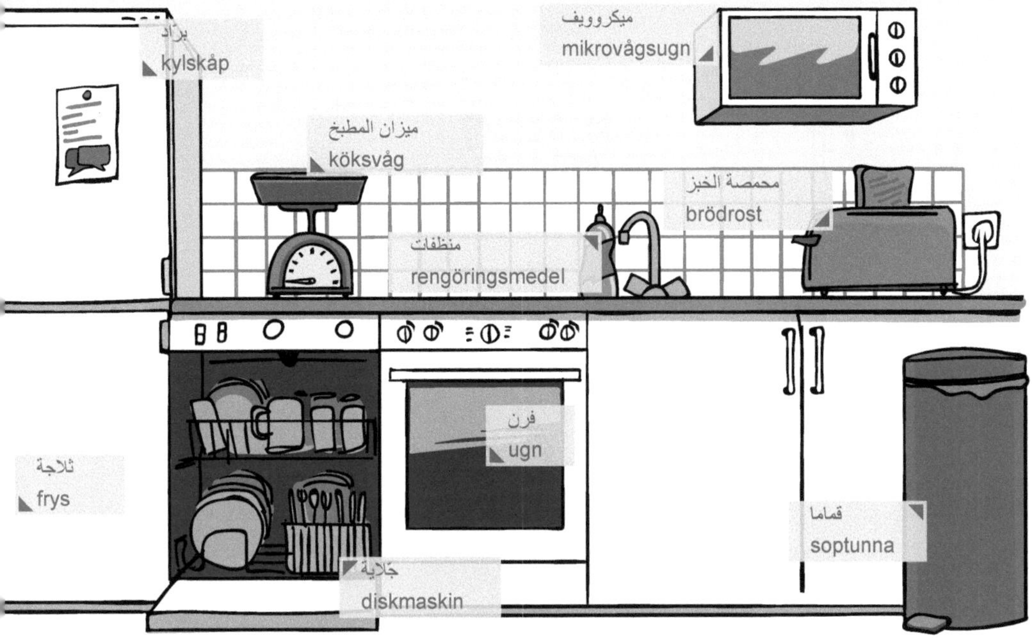
برّاد
kylskåp
ميكروويف
mikrovågsugn
ميزان المطبخ
köksvåg
محمصة الخبز
brödrost
منظفات
rengöringsmedel
فرن
ugn
ثلاجة
frys
قماما
soptunna
جلّاية
diskmaskin

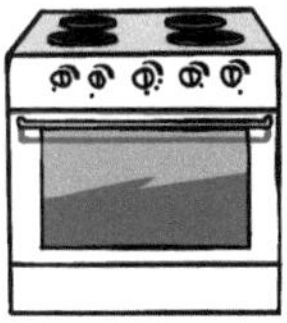

موقد
....
spis

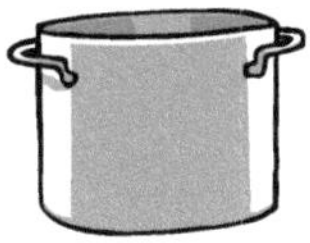

قِدر
....
kastrull

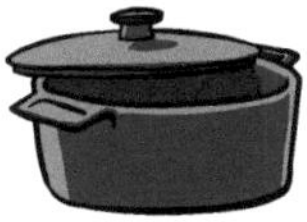

وعاء من الحديد
....
järngryta

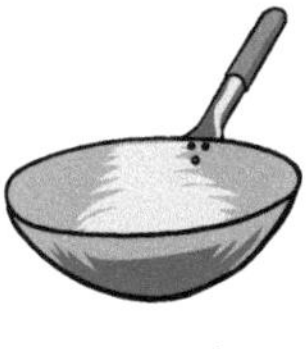

قدر صيني
....
wok / kadai

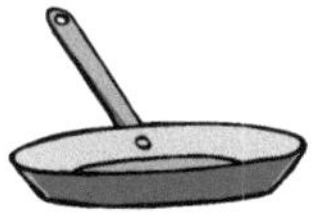

مقلاة
....
stekpanna

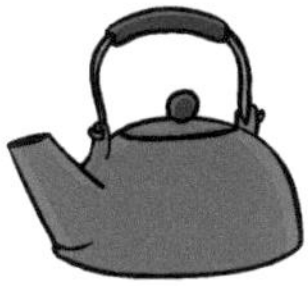

غلاية
....
vattenkokare

قدر البخار

ångkokare

صينية

bakplåt

أواني

porslin

فنجان

mugg

صحن

skål

عيدان الأكل

ätpinnar

مغرفة

soppslev

ملعقة منبسطة

stekspade

خفاقة

visp

مصفاة

durkslag

مصفاة

sil

ميشرة

rivjärn

هاون

mortel

شواء

grill

موقد

brasa

لوح التقطيع

skärbräda

نشّابة

kavel

مفتاح الزجاجات

korkskruv

علبة

burk

مفتاح العلب المعدنية

burköppnare

قماش الفرن

grytlapp

مجلى

vask

فرشاة

borste

إسفنج

svamp

خلّاط

mixer

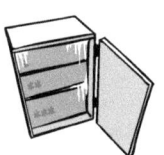

مجمّدة

frys

زجاجة الطفل

nappflaska

صنبور الماء

kran

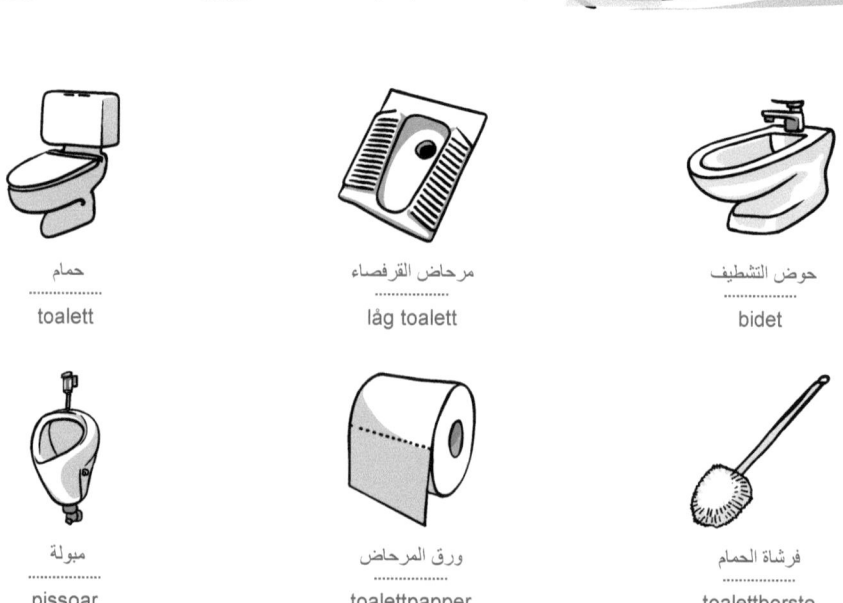

الحمّام

badrum

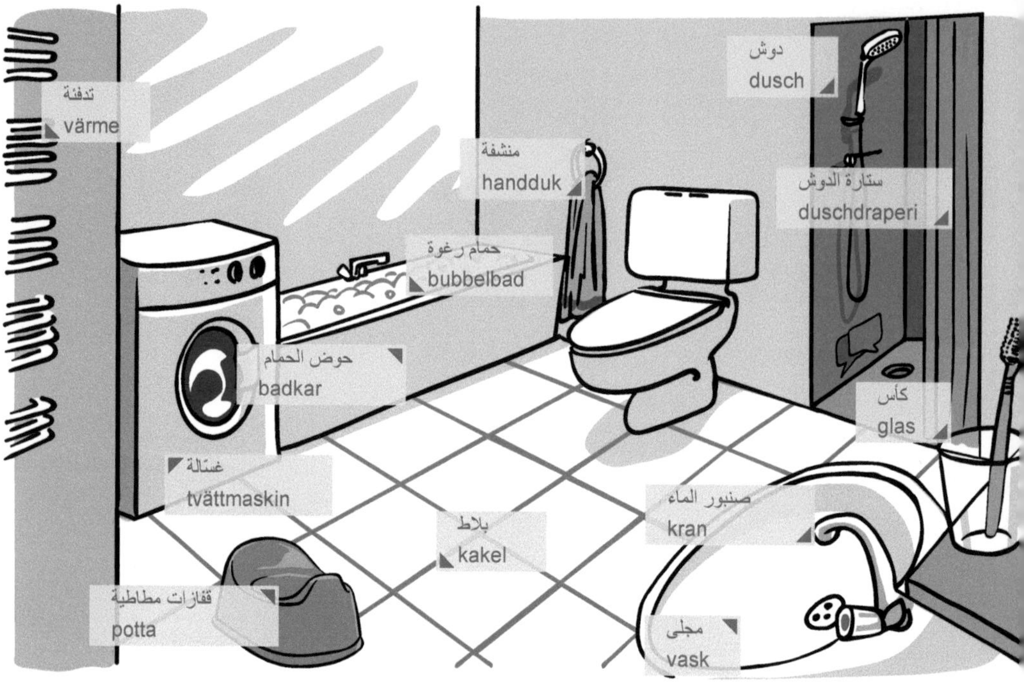

تدفئة
värme
منشفة
handduk
دوش
dusch
ستارة الدوش
duschdraperi
حمام رغوة
bubbelbad
حوض الحمام
badkar
غسّالة
tvättmaskin
كأس
glas
صنبور الماء
kran
بلاط
kakel
قفازات مطاطية
potta
مجلى
vask

حمام
toalett

مرحاض القرفصاء
låg toalett

حوض التشطيف
bidet

مبولة
pissoar

ورق المرحاض
toalettpapper

فرشاة الحمام
toalettborste

فرشاة الأسنان

tandborste

معجون الأسنان

tandkräm

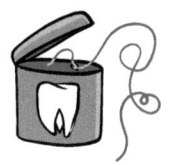

خيط حرير لتنظيف الأسنان

tandtråd

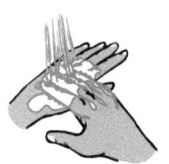

يغسل

tvätta

رشّاش ماء يدوي

handdusch

شطاف

intimdusch

حوض الغسيل

handfat

فرشاة الظهر

ryggborste

صابون

tvål

جيل الدوش

duschgel

شامبو

schampo

ممسحة

trasa

مصرف للماء

avlopp

مرهم

crème

مزيل الروائح

deodorant

مرآة

spegel

مرآة يد

handspegel

موس حلاقة

rakhyvel

رغوة الحلاقة

raklödder

كولونيا

rakvatten

مشط

kam

فرشاة

borste

سشوار

hårtork

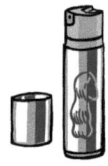

مثبت للشعر

hårspray

ماكياج

smink

روج

läppstift

طلاء أظافر

nagellack

قطن

bomullsvadd

مقص أظافر

nagelsax

عطر

parfym

سلة الغسيل

necessär

مقعد صغير

pall

ميزان

våg

معطف الحمام

badrock

قفازات مطاطية

gummihandskar

سدادة قطنية

tampong

منشفة صحية

binda

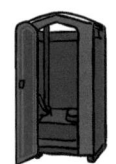

تواليت كيميائية

kemisk toalett

غرفة الأطفال

barnrum

منبه
väckarklocka
الحيوانات المحنطة
gosedjur
سيارة لعبة
leksaksbil
خشخشة
skallra
بيت الدمى
dockhus
هدية
present

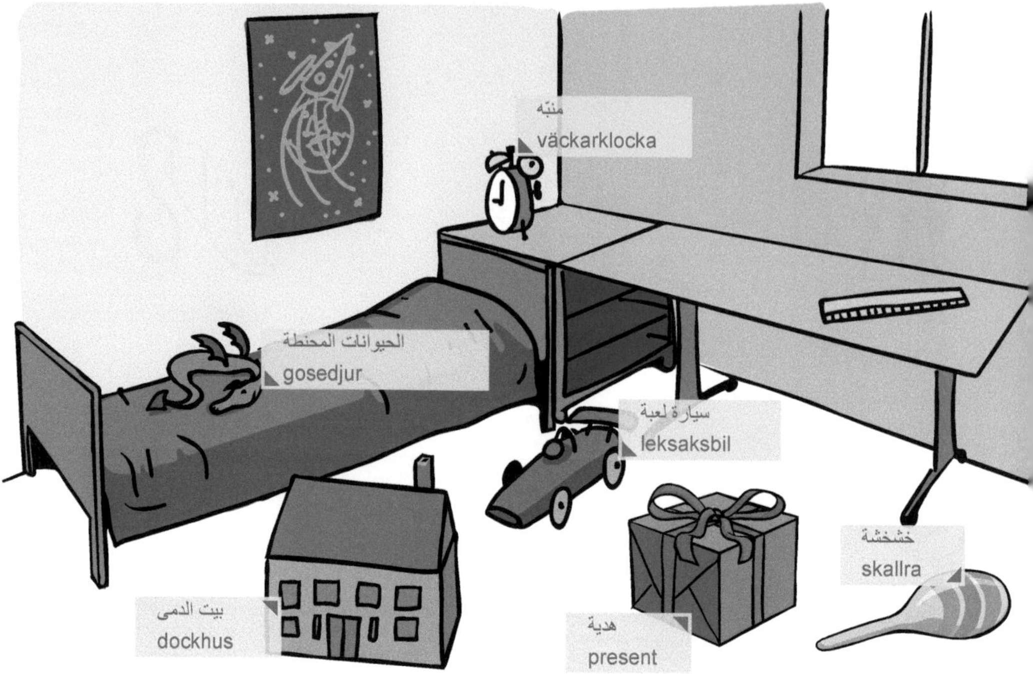

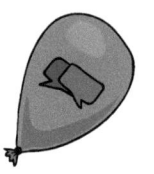

بالون
ballong

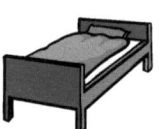

سرير
säng

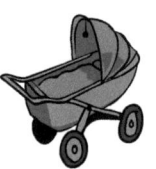

عربة الأطفال
barnvagn

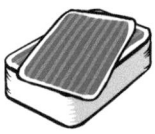

لعبة الورق
kortlek

أحجية
pussel

SUPER MEGA

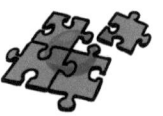

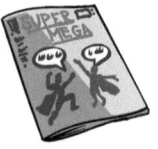

رسوم هزلية
serietidning

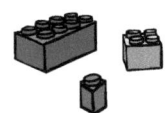

أحجار الليغو

legobitar

حجارة تركيب

klossar

دمية بطل

actionfigur

لباس الطفل

sparkdräkt

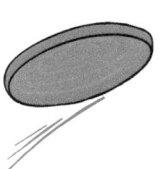

فريسبي

frisbee

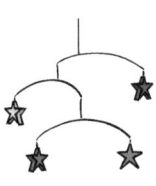

دمية معلّقة

mobil

لعبة الطاولة

brädspel

لعبة النرد

tärning

لعبة قطار

modelljärnväg

مصّاصة

napp

حفلة

party

كتاب مصوّر

bilderbok

كرة

boll

دمية

docka

يلعب

spela

ملعب رملي للأطفال

sandlåda

أرجوحة

gunga

لعبة

leksaker

ألعاب فيديو

spelkonsol

دراجة ثلاثية

trehjuling

دمية على شكل الدب

nalle

خزانة الثياب

garderob

ثياب

kläder

جوارب قصيرة

sockar

جوارب طويلة

strumpor

جورب بنطلون

tights

شال
halsduk

شمسية
paraply

تي شيرت
t-shirt

حزام
bälte

حذاء شتوي
stövlar

شبشب
tofflor

أحذية رياضية
sneakers

صندل
....
sandaler

حذاء
....
skor

جزمة كاوتشوك
....
gummistövlar

سروال داخلي
....
underbyxor

صدّارة
....
BH

قميص داخلي
....
linne

لباس ملاصق للجسم

body

بنطلون

byxor

جينز

jeans

تنورة

kjol

بلوزة

blus

قميص

skjorta

سترة قطنية

pullover

كنزة كم طويل

sweater

سترة فضفاضة

blazer

سترة

jacka

معطف

kappa

معطف مطري

regnjacka

زي - طقم نسائي

dräkt

ثوب

klänning

ثوب الزفاف

bröllopsklänning

طقم

kostym

قميص نوم

nattlinne

بيجاما

pyjamas

ساري

sari

حجاب

slöja

عمامة

turban

برقع

burka

قفطان

kaftan

عباءة

abaya

مايوه

baddräkt

سروال سباحة

badbyxor

شرت

shorts

بدلة رياضية

träningsoverall

مئزر

förkläde

ققازات

handskar

زر
....
knapp

نظّارة
....
glasögon

إسوارة
....
armband

عقد
....
halsband

خاتم
....
ring

قرط
....
örhänge

طاقيّة
....
mössa

علاقة ثياب
....
galge

قبّعة
....
hatt

ربطة العنق
....
slips

سحّاب
....
dragkedja

خوذة
....
hjälm

حمّالة البنطلون
....
hängslen

اللباس المدرسي
....
skoluniform

زي موحّد
....
uniform

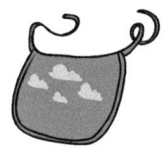

مريلة الأطفال

haklapp

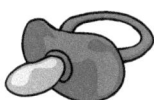

مصّاصة

napp

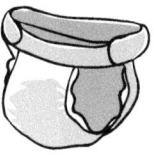

لفافة

blöja

مكتب

kontor

المخدّم
server
خزانة الملفات
dokumentskåp
طابعة
skrivare
ورقة
papper
شاشة
bildskärm
فارة
mus
طاولة المكتب
skrivbord
ملف
mapp
لوحة المفاتيح
tangentbord
قماما
papperskorg
حاسوب
dator
كرسي
stol

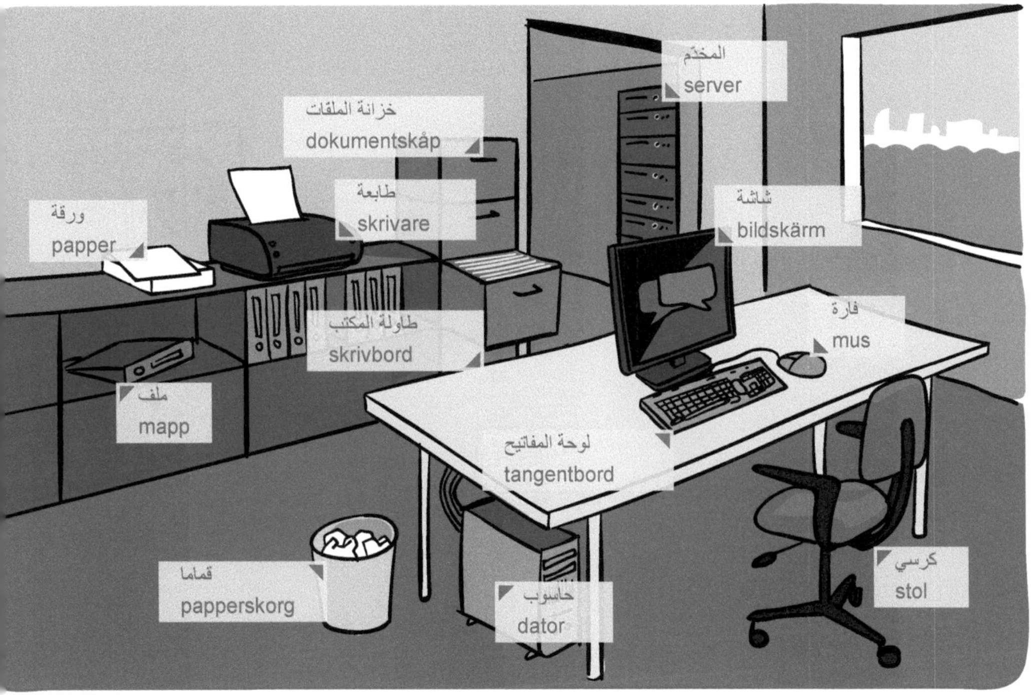

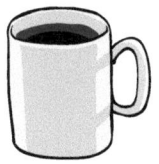

كأس من القهوة

kaffemugg

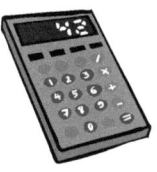

الآلة الحاسبة

miniräknare

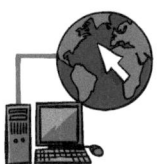

الإنترنت

internet

الحاسوب المحمول

bärbar dator

رسالة

brev

خبر

meddelande

الهاتف المحمول

mobiltelefon

شبكة

nätverk

جهاز تصوير

kopieringsapparat

البرمجيات

programvara

هاتف

telefon

مقبس كهربائي

vägguttag

فاكس

fax

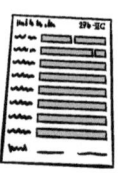

استمارة

blankett

وثيقة

dokument

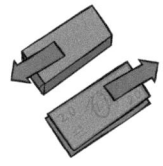

يشتري
....
köpa

يدفع
....
betala

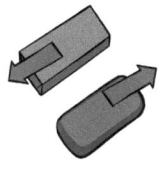

يتاجر
....
handla

مال
....
pengar

دولار
....
dollar

يورو
....
euro

ين
....
yen

روبل
....
rubel

فرنك سويسري
....
schweizisk franc

يوان
....
renminbi yan

روبية
....
rupie

صرّاف آلي
....
bankomat

مكتب صرافة
....
växelkontor

ذهب
....
guld

فضة
....
silver

نفط
....
olja

طاقة
....
energi

سعر
....
pris

عقد
....
kontrakt

ضريبة
....
skatt

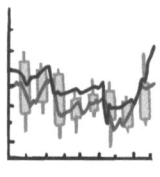

سهم
....
aktie

يعمل
....
arbeta

موظف
....
anställd

رب العمل
....
arbetsgivare

مصنع
....
fabrik

متجر
....
affär

المِهَن

yrken

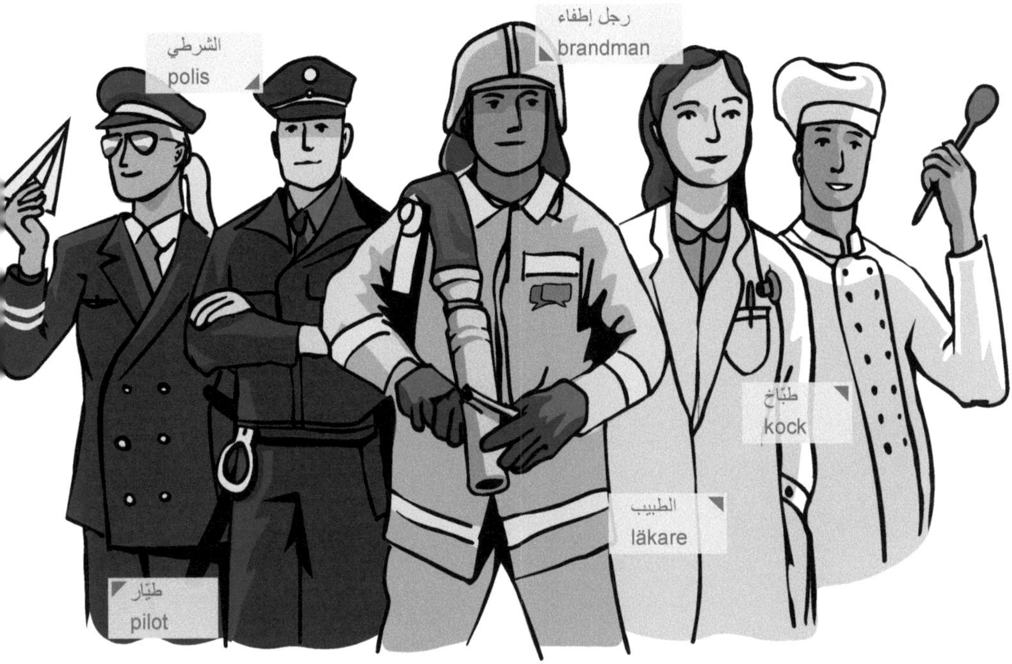

الشرطي
polis
رجل إطفاء
brandman
طبّاخ
kock
الطبيب
läkare
طيّار
pilot

بستاني

trädgårdsmästare

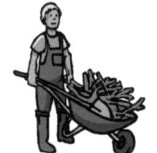

نجّار

snickare

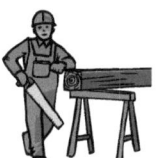

خيّاطة

sömmerska

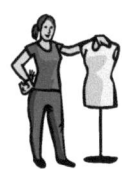

قاض

domare

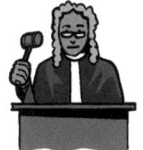

كيميائي

kemist

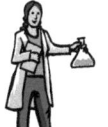

ممثل

skådespelare

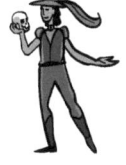

سائق حافلة

busschaufför

سائق تاكسي

taxichaufför

صياد سمك

fiskare

أجيرة للتنظيف

städerska

بنّاء سقف

takläggare

نادل

servitör

صيّاد

jägare

رسّام

målare

خبّاز

bagare

كهربائي

elektriker

عامل بناء

byggarbetare

مهندس

ingenjör

لحّام

slaktare

سمكري

rörmokare

ساعي البريد

brevbärare

جندي

soldat

مهندس معماري

arkitekt

أمين صندوق

kassör

بائع الزهور

florist

حلاق

frisör

مراقب القطار

konduktör

ميكانيكي

mekaniker

قبطان

kapten

طبيب أسنان

tandläkare

رجل العلم

vetenskapsman

حاخام

rabbin

إمام

imam

راهب

munk

كاهن

präst

عدة عمل

verktyg

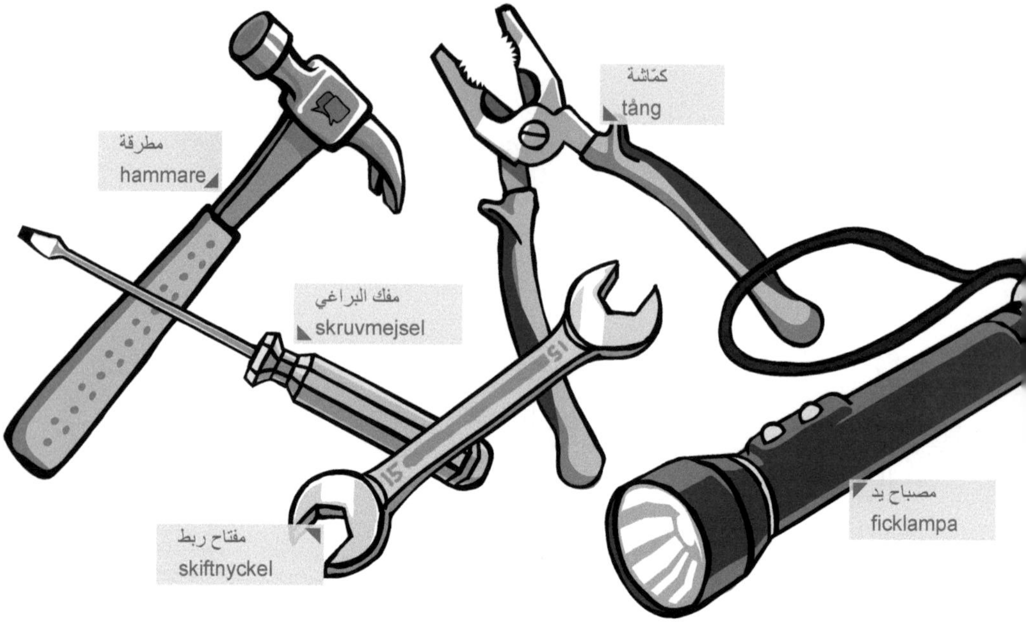

مطرقة
hammare
كمّاشة
tång
مفك البراغي
skruvmejsel
مفتاح ربط
skiftnyckel
مصباح يد
ficklampa

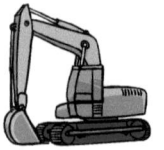

جرافة

grävmaskin

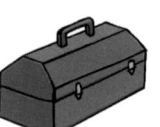

صندوق العدة

verktygslåda

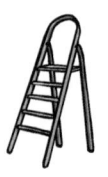

سلّم

stege

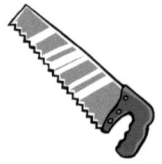

منشار

såg

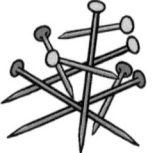

مسامير

spik

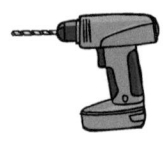

مثقب

borr

يصلح

reparera

مجرفة

spade

اللعنة

Helvete!

لقاطة الكناسة

sopskyffel

سطل الألوان

färgburk

براغي

skruvar

آلات موسيقية

musikinstrument

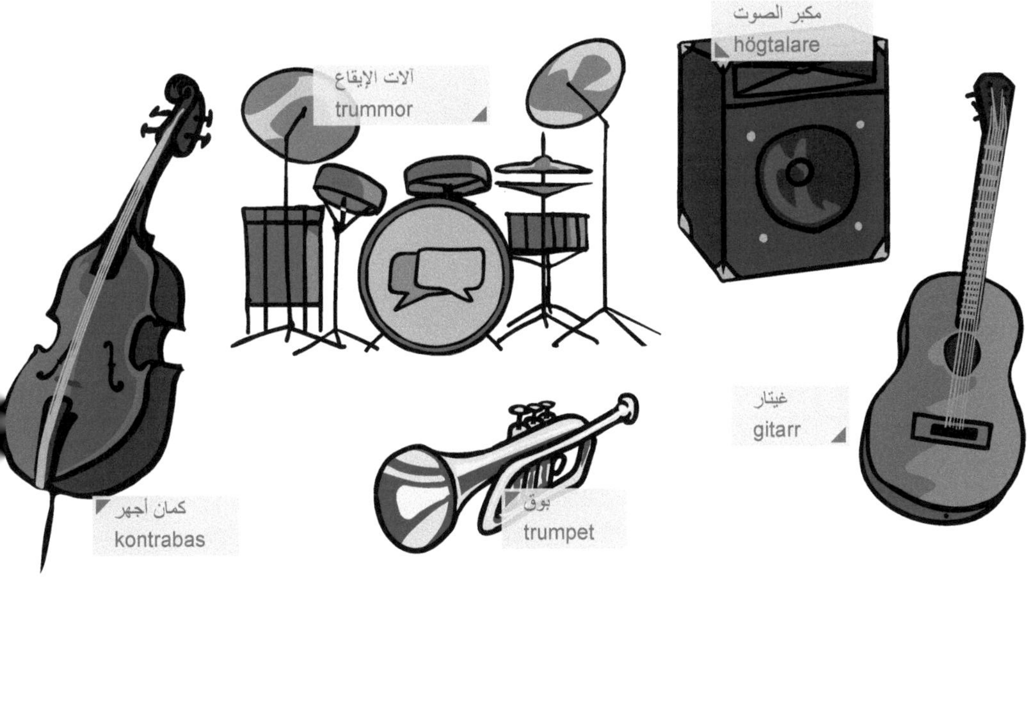

آلات الإيقاع
trummor

مكبر الصوت
högtalare

غيتار
gitarr

كمان أجهر
kontrabas

بوق
trumpet

بيانو

piano

كمنجة

violin

جهير

bas

طبل كبير

timpani

طبل

trumma

بيانو كهرباني

keyboard

ساكسوفون

saxofon

ناي

flöjt

ميكروفون

mikrofon

حديقة حيوانات

ZOO

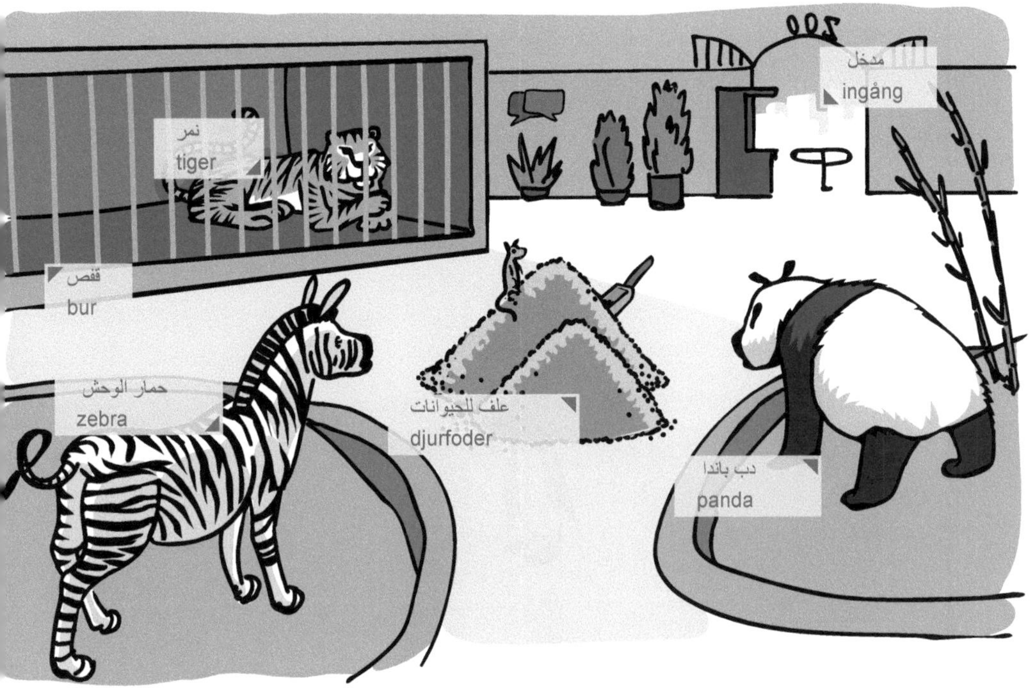

مدخل
ingång
نمر
tiger
قفص
bur
حمار الوحش
zebra
علف للحيوانات
djurfoder
دب باندا
panda

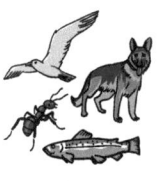

حيوانات
djur

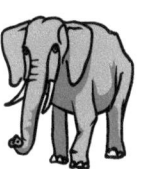

فيل
elefant

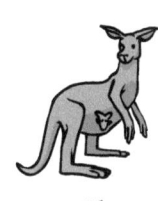

كنغر
känguru

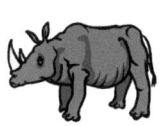

وحيد القرن
noshörning

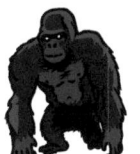

غوريلا
gorilla

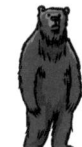

دب
björn

جمل

kamel

نعامة

struts

أسد

lejon

قرد

apa

طائر فلامينغو

flamingo

ببغاء

papegoja

دب قطبي

isbjörn

بطريق

pingvin

سمك القرش

haj

طاووس

påfågel

أفعى

orm

تمساح

krokodil

حارس في حديقة الحيوان

djurskötare

عجل البحر

säl

نمر أمريكي مرقط

jaguar

فرس قزم
....
ponny

نمر
....
leopard

فرس النهر
....
flodhäst

زرافة
....
giraff

نسر
....
örn

خنزير برّي
....
vildsvin

سمك
....
fisk

سلحفاة
....
sköldpadda

حيوان فظ البحري
....
valross

ثعلب
....
räv

غزال
....
gazell

كرة القدم الأمريكية
amerikansk fotboll

ركوب الدراجات
cykling

كرة التنس
tennis

كرة السلة
basket

السباحة
simning

الملاكمة
boxning

هوكي الجليد
ishockey

كرة القدم
fotboll

الريشة الطائرة
badminton

ألعاب القوى الخفيفة
friidrott

كرة اليد
handboll

التزلج على الثلج
skidåkning

بولو
polo

يَقْفِز
hoppa

يعانق
krama

يضحك
skratta

يمشي
gå

يغنّي
sjunga

يحلم
drömma

يصلّي
be

يقبل
kyssa

يكتب
....
skriva

يرسم
....
rita

يُري
....
visa

يدفع
....
skjuta

يعطي
....
ge

يأخذ
....
ta

يملك

hagel

يعمل

göra

يوجد

vara

يقف

stå

يركض

springa

يسحب

dra

يرمي

kasta

يقع

falla

يستلقي

ligga

ينتظر

vänta

يحمل

bära

يجلس

sitta

يلبس

klä på

ينام

sova

يستيقظ

vakna

ينظر إلى ..

se på

يبكي

gråta

يمسّد

smeka

يمشّط

kamma

يتكلّم

prata

يفهم

förstå

يسأل

fråga

يسمع

höra

يشرب

dricka

يأكل

äta

يرتّب

städa

يحب

älska

يطبخ

laga mat

يقّود

köra

يطير

flyga

يبحر بزورق شراعي

segla

يحسب

räkna

يقرأ

läsa

يتعلم

lära sig

يعمل

arbeta

يتزوج

gifta sig

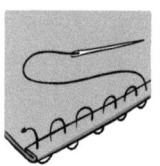

يخيط

sy

ينظف أسنانه

borsta tänderna

يقتل

döda

يدخّن

röka

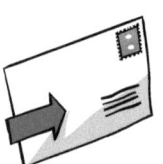

يرسل

skicka

عائلة

familj

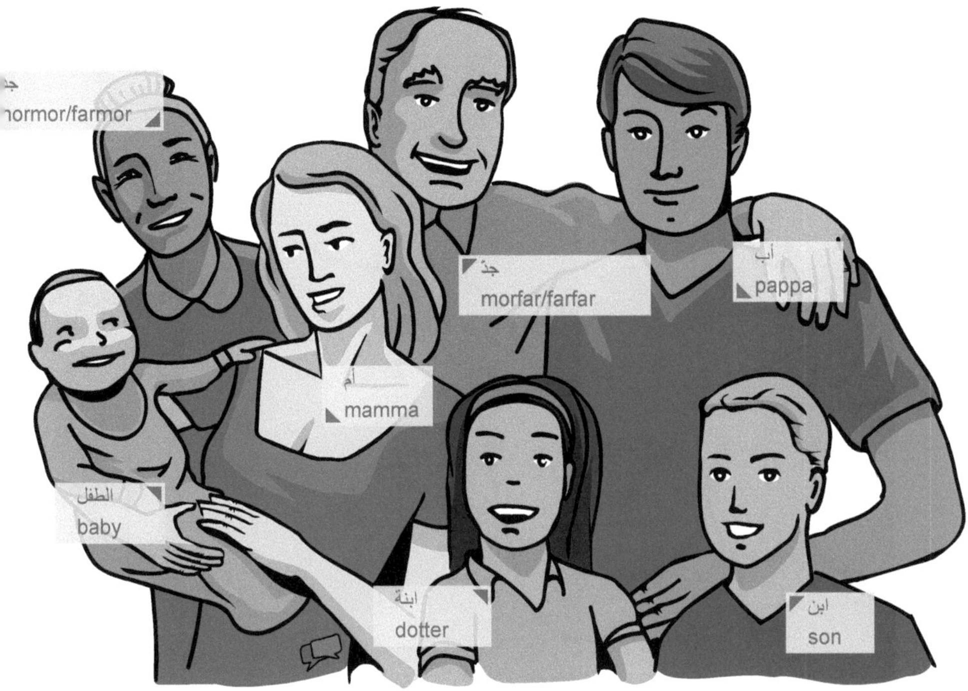

جد
ormor/farmor
جدّ
morfar/farfar
أب
pappa
أم
mamma
الطفل
baby
ابنة
dotter
ابن
son

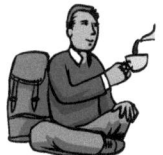

ضيف

gäst

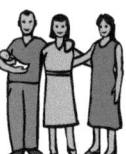

عمّة / خالة

moster/faster

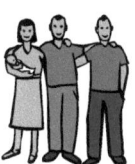

عمّ / خال

farbror/morbror

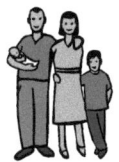

أخ

bror

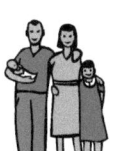

أخت

syster

الجسم

kropp

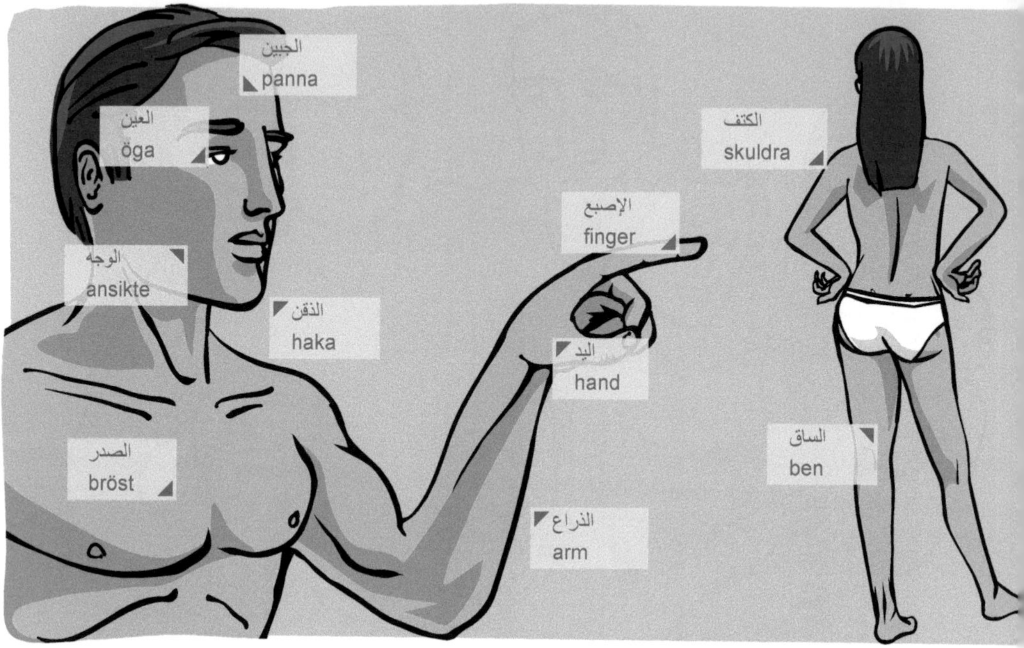

الجبين
panna
العين
öga
الكتف
skuldra
الإصبع
finger
الوجه
ansikte
الذقن
haka
اليد
hand
الساق
ben
الصدر
bröst
الذراع
arm

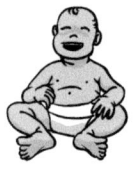

الطفل

baby

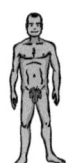

الرجل

man

المرأة

kvinna

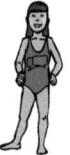

البنت

flicka

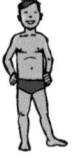

الولد

pojke

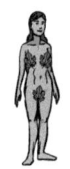

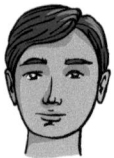

الرأس

huvud

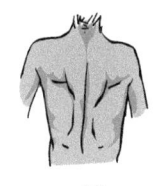

الظهر

rygg

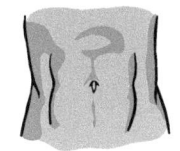

البطن

mage

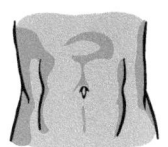

السرّة

navel

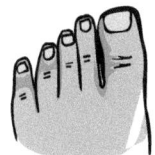

إصبع القدم

tå

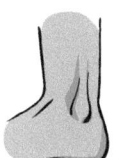

الكعب

häl

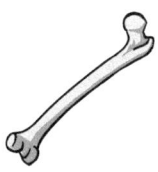

العظم

ben

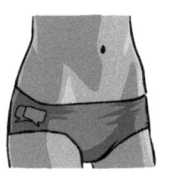

الورك

höft

الركبة

knä

المرفق

armbåge

الأنف

näsa

العُجُز

stjärt

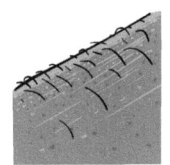

البشرة

hud

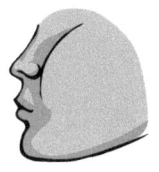

الخد

kind

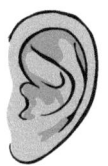

الأذن

öra

الشفة

läpp

الفم

mun

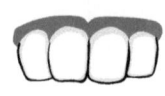

السن

tand

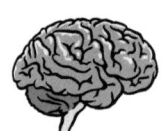

اللسان

tunga

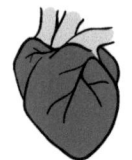

الدماغ

hjärna

القلب

hjärta

العضلة

muskel

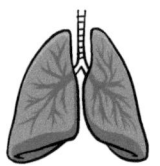

الرئة

lunga

الكبد

lever

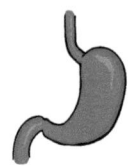

المعدة

magsäck

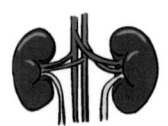

الكلى

njurar

الاتصال الجنسي

sex

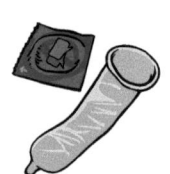

الواقي المطاطي

kondom

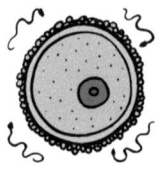

البويضة

äggcell

المنيّ

sperma

الحمل

graviditet

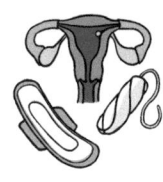

الحيض

menstruation

المهبل

vagina

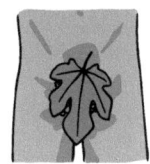

القضيب

penis

الحاجب

ögonbryn

الشعر

hår

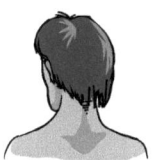

الرقبة

nacke

المستشفى
sjukhus

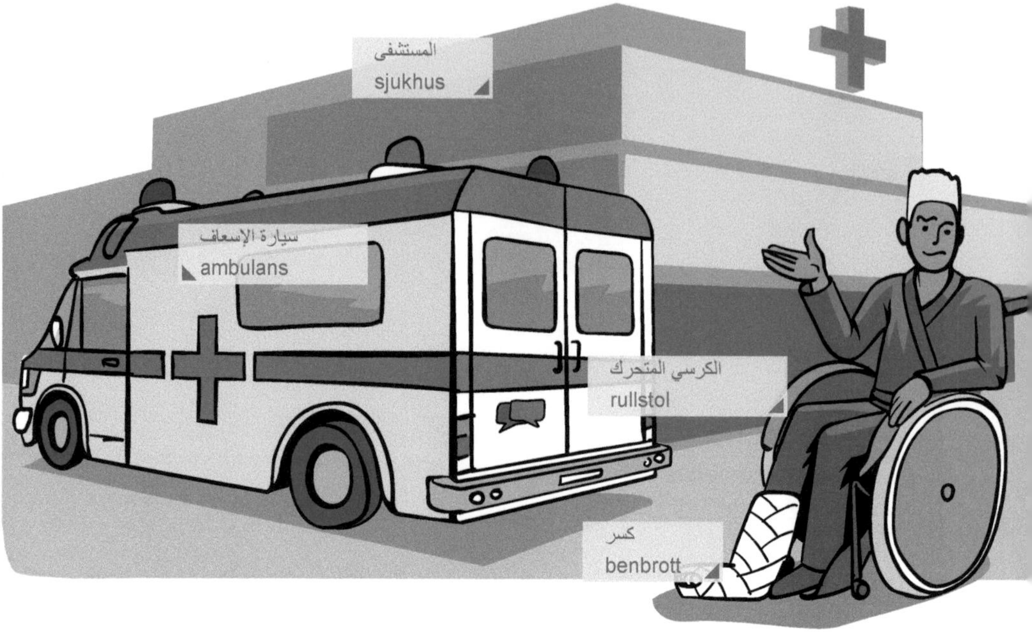

المستشفى
sjukhus
سيارة الإسعاف
ambulans
الكرسي المتحرك
rullstol
كسر
benbrott

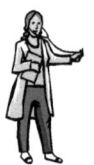

الطبيب
läkare

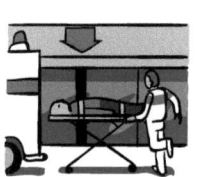

غرفة الإسعاف
akutmottagning

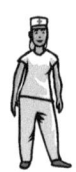

الممرضة
sjuksköterska

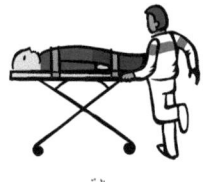

حالة
nödsituation

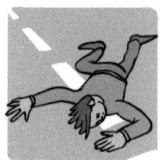

مغمى عليه
medvetslös

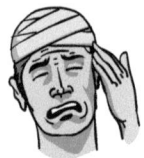

الألم
smärta

إصابة

skada

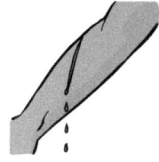

النزيف

blödning

احتشاء القلب

hjärtattack

جلطة

slaganfall

حسسية

allergi

السعال

hosta

الحُمّى

feber

إنفلونزا

influensa

الإسهال

diarré

وجع الرأس

huvudvärk

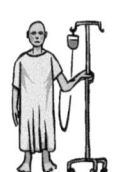

السرطان

cancer

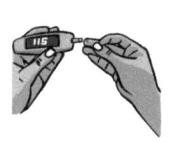

مرض السكر

diabetes

جرّاح

kirurg

مبضع

skalpell

عملية

operation

سيتي سكان
....
CT

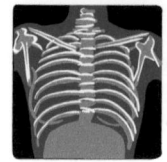

الأشعة السينية
....
röntgen

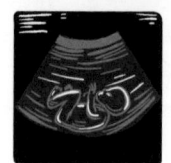

فوق الصوتي
....
ultraljud

القناع
....
ansiktsmask

المرض
....
sjukdom

غرفة الانتظار
....
väntsal

العُكّاز
....
krycka

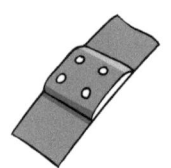

شريط لاصق
....
plåster

ضماد
....
bandage

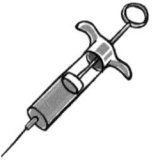

حقنة
....
injektion

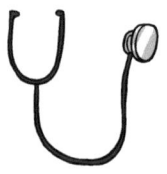

سمّاعة الطبيب
....
stetoskop

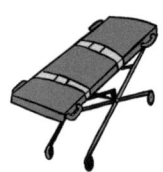

نقالة
....
bår

ميزان حرارة
....
termometer

ولادة
....
födsel

وزن زائد
....
övervikt

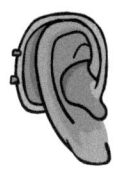

جهاز السمع

hörapparat

المواد المعقّمة

desinfektionsmedel

عدوى

infektion

فيروس

virus

الإيدز

HIV / AIDS

الطب

medicin

اللقاح

vaccination

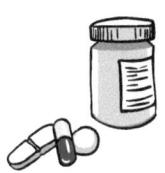

أقراص الدواء

tabletter

حبّة الدواء

p-piller

نداء النجدة

nödsamtal

مقياس ضغط الدم

blodtrycksmätare

مريض / صحيح

sjuk / frisk

النجدة!

Hjälp!

إنذار

alarm

اعتداء

överfall

هجوم

misshandel

خطر

fara

مخرج طوارئ

nödutgång

حريق!

Det brinner!

جهاز الإطفاء

brandsläckare

حادث

olycka

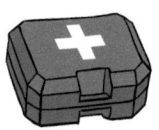

حقيبة الإسعاف الأولي

förbandslåda

أنقذونا

SOS

الشرطة

polis

أوروبا

Europa

أمريكا الشمالية

Nordamerika

أمريكا الجنوبية

Sydamerika

أفريقيا

Afrika

آسيا

Asien

أستراليا

Australien

المحيط الأطلسي

Atlanten

المحيط الهادي

Stilla Havet

المحيط الهندي

Indiska Oceanen

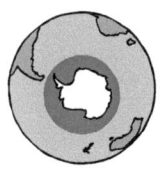

المحيط المتجمد الجنوبي

Antarktiska Oceanen

المحيط المتجمد الشمالي

Arktiska Oceanen

القطب الشمالي

Nordpol

القطب الجنوبي

Sydpol

منطقة القطب الجنوبي

Antarktis

أرض

Jorden

بر

land

بحر

hav

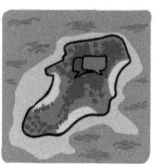

جزيرة

ö

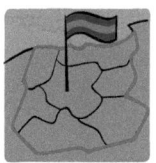

أمة

nation

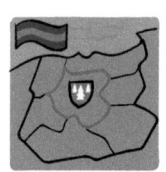

دولة

stat

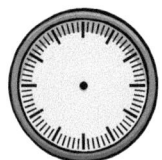

ميناء الساعة

urtavla

عقرب الساعات

timvisare

عقرب الدقائق

minutvisare

عقرب الثواني

sekundvisare

كم الساعة الآن؟

Vad är klockan?

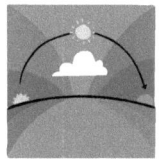

يوم

dag

زمن

tid

الآن

nu

ساعة رقمية

digital klocka

دقيقة

minut

ساعة

timme

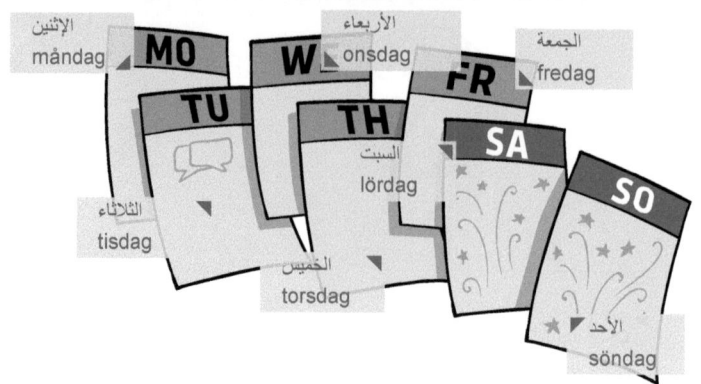

الإثنين
måndag

الأربعاء
onsdag

الجمعة
fredag

الثلاثاء
tisdag

الخميس
torsdag

السبت
lördag

الأحد
söndag

الأمس

igår

اليوم

idag

غداً

imorgon

الصباح

morgon

الظهر

middag

المساء

kväll

أيام العمل

vardagar

نهاية الأسبوع

helg

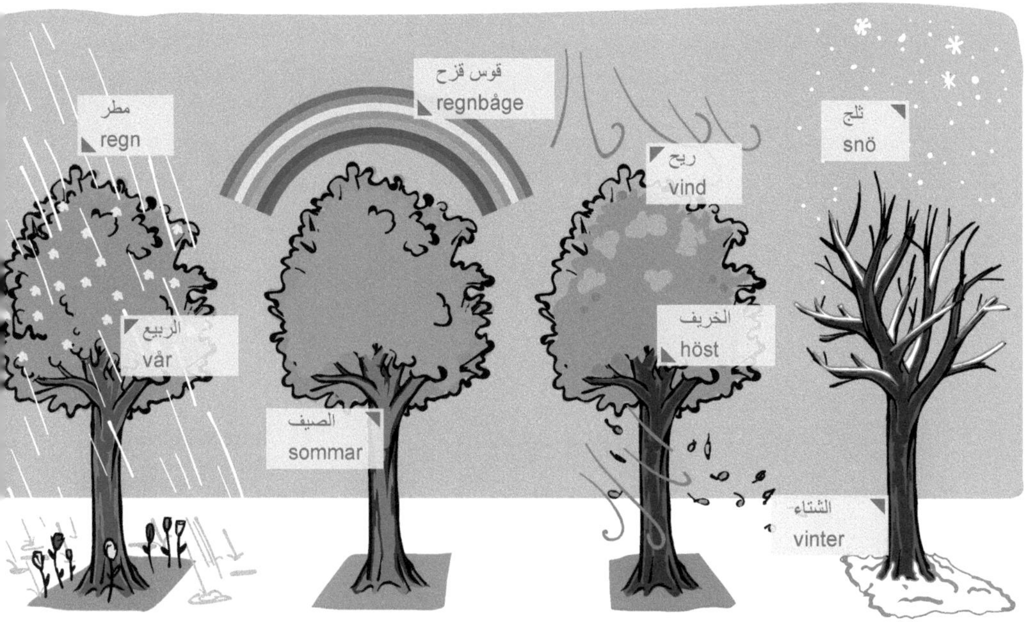

مطر
regn
قوس قزح
regnbåge
ثلج
snö
ريح
vind
الربيع
vår
الخريف
höst
الصيف
sommar
الشتاء
vinter

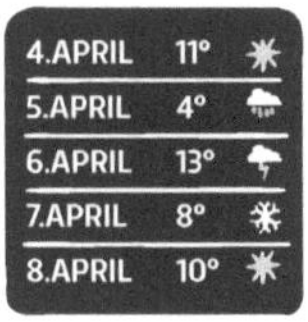

4.APRIL 11°
5.APRIL 4°
6.APRIL 13°
7.APRIL 8°
8.APRIL 10°

التنبؤ بالحالة الجوية
....
väderprognos

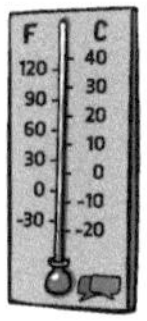

F C
120 40
90 30
60 20
30 10
0 0
-30 -10
-20

مقياس حرارة
....
termometer

ضوء الشمس
....
solsken

سحابة
....
moln

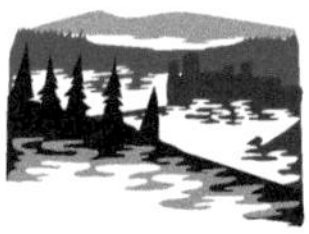

ضباب
....
dimma

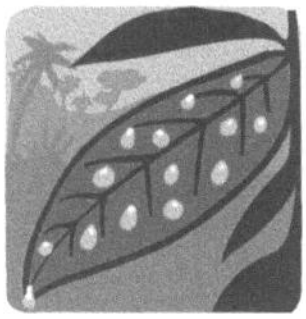

رطوبة الجو
....
luftfuktighet

برق
....
blixt

رعد
....
åska

عاصفة
....
storm

بَرَد
....
hagel

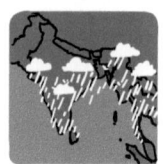

ريح موسمية
....
monsun

طوفان
....
översvämning

جليد
....
is

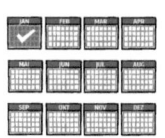

كانون الثاني / يناير
....
januari

شباط / فبراير
....
februari

آذار / مارس
....
mars

نيسان / أبريل
....
april

أيار / مايو
....
maj

حزيران / يونيو
....
juni

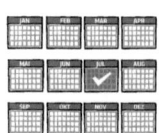

تّموز / يوليو
....
juli

آب / أغسطس
....
augusti

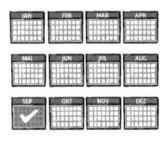

أيلول / سبتمبر
....
september

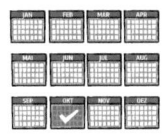

تشرين الأول / أكتوبر
....
oktober

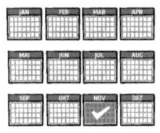

تشرين الثاني / نوفمبر
....
november

كانون الأول / ديسمبر
....
december

أشكال

former

دائرة
....
cirkel

مربع
....
kvadrat

مستطيل
....
rektangel

مثلث
....
triangel

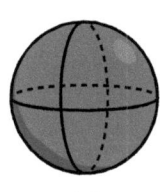

كرة
....
sfär

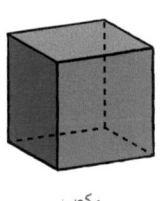

مكعب
....
kub

أبيض

vit

أصفر

gul

برتقالي

orange

وردي

rosa

أحمر

röd

بنفسجي

lila

أزرق

blå

أخضر

grön

بنّي

brun

رمادي

grå

أسود

svart

كثير / قليل

mycket / lite

غضبان / هادئ

arg / lugn

جميل / قبيح

vacker / ful

بداية / نهاية

början / slut

كبير / صغير

stor / liten

فاتح / قاتم

ljus / mörk

أخ / أخت

bror / syster

نظيف / وسخ

ren / smutsig

كامل / ناقص

komplett / ofullständig

نهار / ليل

dag / natt

ميت / حيّ

död / levande

عريض / ضيّق

bred / smal

صالح للأكل / غير صالح

ätlig / oätlig

شرّير / لطيف

ond / god

مثير / ممل

upphetsad / uttråkad

سمين / نحيف

tjock / smal

أولاً / أخيراً

först / sist

صديق / عدو

vän / fiende

مليء / فارغ

full / tom

صلب / ليّن

hård / mjuk

ثقيل / خفيف

tung / lätt

جوع / عطش

hunger / törst

مريض / صحيح

sjuk / frisk

غير شرعي / شرعي

olaglig / laglig

ذكي / غبي

intelligent / dum

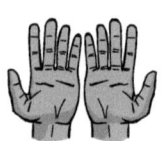

يسار / يمين

vänster / höger

قريب / بعيد

nära / långt bort

جديد / مستعمل

ny / begagnad

لا شيء / بعض الشيء

inget / något

مسنّ / شاب

gammal / ung

يشعل / يطفئ

på / av

مفتوح / مغلق

öppen / stängd

خافت / عالٍ

tyst / högljudd

غني / فقير

rik / fattig

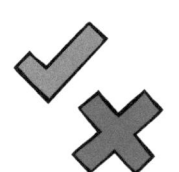

صح / خطأ

rätt / fel

أحرش / أملس

grov / slät

حزين / سعيد

ledsen / glad

قصير / طويل

kort / lång

بطيء / سريع

långsam / snabb

مبلول / جاف

våt / torr

ساخن / بارد

varm / sval

حرب / سلم

krig / fred

0

صفر

noll

1

واحد

ett

2

اثنان

två

3

ثلاثة

tre

4

أربعة

fyra

5

خمسة

fem

6

ستة

sex

7

سبعة

sju

8

ثمانية

åtta

9

تسعة

nio

10

عشرة

tio

11

أحد عشر

elva

12
اثنا عشر
tolv

13
ثلاثة عشر
tretton

14
أربعة عشر
fjorton

15
خمسة عشر
femton

16
ستة عشر
sexton

17
سبعة عشر
sjutton

18
ثمانية عشر
arton

19
تسعة عشر
nitton

20
عشرون
tjugo

100
مائة
hundra

1.000
ألف
tusen

1.000.000
مليون
miljon

الإنكليزية

engelska

الإنكليزية الأمريكية

amerikansk engelska

لغة ماندارين الصينية

kinesisk mandarin

الهندية

hindi

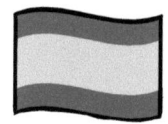

الإسبانية

spanska

الفرنسية

franska

العربية

arabiska

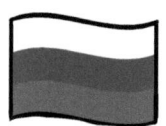

الروسية

ryska

البرتغالية

portugisiska

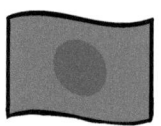

البنغالية

bengali

الألمانية

tyska

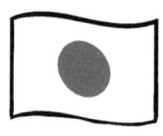

اليابانية

japanska

أنا

jag

أنت

du

♂ ♀ ○

هو / هي

han / hon / den (det)

نحن

vi

أنتم

ni

هم

de

من؟

vem?

ماذا؟

vad?

كيف؟

hur?

أين؟

var?

متى؟

när?

HELLO, I AM

أسم

namn

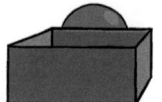

خلف
....
bakom

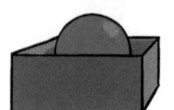

في
....
i

أمام
....
framför

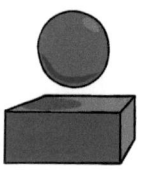

فوق
....
över

على
....
på

تحت
....
under

جنب
....
bredvid

بين
....
mellan

مكان
....
plats